DU MINISTÈRE.

Se trouve,

AU PALAIS ROYAL,

CHEZ TOUS LES MARCHANDS DE NOUVEAUTÉS.

DU MINISTÈRE,

Par LÉOPOLD DE MASSACRÉ.

> Le principe de la monarchie se corrompt lorsque les premières dignités sont les marques de la première servitude ; lorsqu'on ôte aux grands le respect des peuples, et qu'on les rend de vils instruments du pouvoir arbitraire.
>
> *Il se corrompt encore plus lorsque l'honneur a été mis en contradiction avec les honneurs, et qu'un homme peut être couvert tout-à-la-fois d'infamie et de dignités.*
>
> MONTESQUIEU, *Esprit des Lois.*

PARIS,

C.-F. PATRIS, IMPRIMEUR-LIBRAIRE,

RUE DE LA COLOMBE, Nº 4.

Septembre 1815.

DU MINISTÈRE.

A FORCE de raisonner, nous avons amené des événemens dont notre raison ne peut plus se rendre compte. Depuis long-tems il nous a fallu renoncer à expliquer la plupart de ceux dont nous sommes témoins; nous devrions donc ne plus nous étonner de rien, et cependant, nous voyons chaque jour des choses si extraordinaires, si injustes ou si absurdes, qu'elles nous font encore éprouver la stupéfaction.

Tel est le sentiment qu'a généralement produit la composition actuelle de notre ministère; le portefeuille de la police générale confié à Fouché, et celui de la guerre retiré au duc de Feltre, en ont surtout été cause.

La nomination de Fouché, comme ministre de Louis XVIII, est un acte auquel l'histoire en a et en aura, il faut l'espérer, peu d'autres à comparer; il fera peu d'honneur à la politique de ce tems; il en fera peu surtout à notre nation qui doit y trouver une preuve du mépris où elle est dans l'esprit de son Roi et des Monarques étrangers.

Le Roi, en appelant au ministère l'assassin de son frère et l'un des restes les plus dégoûtans de notre révolution, a cru, sans doute, que ce choix serait agréable à la nation, ou du moins qu'il ne lui serait pas désagréable; car, dans les principes qui nous gouvernent en ce moment, le plus grand défaut d'un ministre est sans contredit de déplaire à ses concitoyens, et tous les talens du monde ne peuvent le racheter. Il seroit d'ailleurs peu raisonnable de penser que Sa Majesté n'ait pas voulu éviter avec soin de contrarier l'opinion publique, au moment même où elle cherchoit à la flatter par de nouvelles concessions.

Il y a eu des temps où nous n'étions pas gouvernés par les mêmes principes, et où un Roi de France ne se seroit pas permis un pareil choix; il est aujourd'hui des peuples qui ne le sont pas non plus, et que leurs souverains estiment assez pour ne pas se donner un tel ministre.

Le Roi nous a révélé une chose, c'est qu'il croit le peuple français réellement coupable des crimes qui ont été commis en son nom, et particulièrement du plus grand de tous, puisqu'il ne croit pas que nous ayons horreur de ces crimes et de ceux qui les ont commis. Mais alors une réflexion se présente ; il devroit désespérer de conserver le trône de ses pères, la race de nos Rois nous seroit odieuse.

Le même motif qui a engagé le Roi à prendre Fouché pour ministre est nécessairement du nombre de ceux qui ont vaincu chez les Souverains alliés leur répugnance naturelle pour un homme que leurs conseils eussent facilement éloigné.

Le parlement d'Angleterre excepta du pardon accordé par Charles II ceux qui avaient fait périr son père, et il préserva par là le peuple anglais de l'inculpation de régicide.

Les ménagemens dont sont l'objet ceux qui chez nous ont commis ce crime, les places qu'ils occupent, le rendent pour ainsi dire national. Cette différence flattera la vengeance des peuples que nous avions humiliés ; elle flattera surtout l'orgueil des Anglais, et sera, sans doute pour nos neveux, moins agités que nous par les passions, et moins étourdis par les événemens, un sujet de honte et de larmes.

Ce serait à nos députés à repousser cette humiliation.

On parle heaucoup de services rendus au Roi par Fouché dans ces derniers tems.

Quels que soient ces services, ils ne sauroient être plus grands que ses crimes ; ils peuvent tout au plus lui en mériter le pardon sincère, mais ne peuvent jamais lui donner des droits à la faveur de Sa Majesté.

Au reste, il a fallu, pour replacer le Roi sur son trône, gagner la bataille de Waterloo et s'emparer de Paris. Je ne vois pas ce qu'il auroit fallu faire de plus, quand Fouché ne s'en seroit pas mêlé.

Qu'a-t-il fait pour préparer le retour du Roi?

En maniant habilement les esprits de ceux qui étoient alors dépositaires du pouvoir, les a-t-il disposés favorablement?

Les chambres ont montré constamment la haine qui les animoit contre la famille royale, et rien n'a été négligé pour empêcher jusqu'au dernier moment la capitale et la nation d'exprimer leur vœu, pour leur donner l'air de ne céder qu'à la force.

A-t-il au moins cherché à contrarier ce projet.

J'admets que la lettre dans laquelle la commission du gouvernement a donné aux deux Chambres avis de sa dissolution, et qui pourra elle-même servir au besoin de protestation, ne doive être pour lui l'objet d'aucun reproche.

Mais il avoit fait avorter un complot formé quelques jours avant l'entrée des Alliés à Paris pour l'enlèvement des deux Chambres, et dont l'exécution, seulement tentée, auroit donné aux mouvemens de la capitale, en faveur du Roi, un air de spontanéité que redoutoient ses ennemis.

Si ce n'est point par connivence avec eux que Fouché s'est conduit ainsi, c'est du moins par égoïsme ; c'est parce qu'il craignoit que le succès de cette entreprise ne lui permît pas de ménager ses intérêts aussi bien qu'il comptoit le faire plus tard, et qu'il ne pût pas s'en donner tout le mérite, comme il s'est donné celui de la capitulation.

A peine la barrière, par laquelle Sa Majesté devoit passer, étoit-elle ouverte lorsqu'elle s'y est présentée ; la veille, on y arrêtoit ceux qui vouloient aller à Saint-Denis pour la voir. Quelques heures avant son entrée, il n'étoit pas permis de crier *vive le Roi !* le drapeau tricolore flottoit sur tous les monumens, et la consternation n'a cessé, pour ainsi dire, qu'au moment où sa présence a fait éclater la joie publique, dont il n'étoit plus possible de comprimer l'élan.

Ou je me trompe, ou Fouché, avec les ressources en tous genres qu'on lui suppose, auroit pu, s'il avoit voulu, surtout après que Paris fut occupé par les Alliés, soustraire les bons citoyens à l'oppression dans laquelle ils étoient, et donner à cette ville un tout autre aspect.

Il passe pour avoir sauvé Paris.

Si cela est, il a rendu un grand service ; mais

ce que j'ai déjà dit de ses services en général est d'autant plus applicable à celui-ci en particulier, tout grand qu'il est, qu'il ne prouve en rien son attachement à la cause du Roi.

En effet, Fouché eût-il eu l'intention de faire tomber la tête du Roi quinze jours après le départ des Alliés, il n'en eût pas moins voulu sauver Paris.

Quant à la douceur dont il a usé sous Bonaparte envers les Royalistes, n'étoit-elle pas commandée par les circonstances et par l'intérêt bien entendu de Bonaparte lui-même ? n'étoit-elle pas un jeu que la victoire devait faire cesser ? Qui croira au moins qu'elle ait été dictée uniquement par l'humanité et le royalisme, et que nous ne soyons pas, en grande partie, redevables à l'intérêt de Fouché, qui sans doute s'arrangeoit de façon à rester ministre, quel que fût le souverain ?

J'ai entendu citer comme une preuve de sa sincérité, ce propos qu'on prétend avoir été tenu par lui, avant le départ du Roi, à un capitaine des gardes : *Monsieur, sauvez le Roi, pour moi je me charge de la monarchie.*

Ce propos, fût-il vrai, ne prouveroit rien ; car il pourroit être le résultat de la plus insigne perfidie.

Un des moyens sur lesquels Bonaparte et ses

complices ont le plus compté, a été l'éloignement du Roi ; c'est pour cela que S. M. n'a point
été arrêtée dans sa retraite, et notamment à
Lille. Ils avoient raison, les rapports de M. le
duc d'Angoulême sur les événemens du Midi en
font foi.

Lorsqu'un homme est accoutumé à tromper
tout le monde, qu'il n'agit que par ruses et par
fourberies, on ignore toujours s'il en est à la
dernière ; si ce qu'il dit aujourd'hui est vrai, ou
faux comme ce qu'il disoit hier ; s'il est de bonne
foi ou s'il a quelque arrière-pensée.

Mais je veux qu'effectivement Fouché ait
rendu depuis le 20 mars de grands services au
Roi, et qu'il le serve encore de bonne foi ; s'il
a rappelé Bonaparte de l'île d'Elbe, ou seulement favorisé d'une façon quelconque, par son
silence même, l'entreprise de ce furieux, c'est-
à-dire, s'il a attiré sur la France toutes les calamités qui la désolent, dans l'espoir de trouver
moyen de se faire valoir ; s'il nous a, en un
mot, et pour me servir d'une expression vul-
gaire, cassé bras et jambes pour avoir le plaisir
de nous les raccommoder tant bien que mal,
quels services peuvent racheter l'infamie d'un
pareil calcul ?

Cette supposition paroîtroit-elle trop hasar-
dée ? Elle l'est à coup sûr beaucoup moins que

celle d'une fidélité à toute épreuve de la part de Fouché.

Lui seul peut faire la police en France ; dit-on.

Je plains mon pays, si dans la machine de son gouvernement, le moindre rouage ne peut être remplacé; car il arrivera nécessairement un jour où il faudra qu'il le soit.

Si Fouché étoit mort, il faudroit bien faire la police sans lui ; et certes, puisqu'il ne l'est pas physiquement comme il l'auroit mérité, il auroit bien dû l'être moralement aux yeux du Roi.

Eloigné du ministère, il devient dangereux.

S'il en est ainsi ; si Fouché a par lui-même tant de pouvoir ; si, simple particulier, il tient encore dans sa main tous les fils de la police ; s'il est surtout capable d'en abuser et de compromettre la sûreté de l'Etat pour son intérêt particulier, alors la supposition que je faisois tout à l'heure relativement au retour de Bonaparte, se change presque en certitude, et Fouché doit être regardé comme un des principaux auteurs de nos maux.

Peut-on bien croire, au surplus, qu'il n'y ait aucun moyen de concilier la sûreté de l'Etat avec la retraite de Fouché, en conservant même. si l'on veut, les égards dûs aux services qu'il peut avoir rendus ?

En résumé, tout ce que l'on peut dire de plus propre à expliquer et à justifier la nomination de Fouché, se réduit à ceci :

A la vérité Fouché est régicide, couvert de crimes de toute espèce ; mais il a été parjure, traître, perfide envers Bonaparte pour servir le Roi ; et il est homme d'ailleurs à bouleverser de nouveau la France, si son ambition n'étoit pas satisfaite.

O l'heureux siècle ! l'heureux pays, où le ministère appartient de droit à un tel homme !

Pour moi, je l'avoue, je ne saurois m'élever à une politique aussi sublime ; je me contente de l'admirer, sans essayer de la comprendre. Quelque odieux que me soit Bonaparte, je n'estime guère plus un ministre qui l'a trahi, qu'un ministre qui auroit trahi le Roi. La trahison me paroît toujours infâme : l'infamie de l'homme trahi ne sauroit la justifier à mes yeux. Le traître, ce me semble, ne peut jamais avoir droit qu'à de l'argent et du mépris.

Je passe à la retraite du duc de Feltre.

La conduite qu'il a tenue au mois de mars dernier a été universellement admirée ; le dévoûment héroïque qui lui fit accepter le portefeuille de la guerre au moment où tout paroissoit désespéré, sembloit lui donner , seul, le droit de le conserver toute sa vie , si la cause du

Roi triomphoit, quand bien même il n'eût point eu au suprême degré, comme il les avoit toutes, les qualités qui font un excellent ministre.

Le duc de Feltre sembloit être, pour le Roi, une planche dans le naufrage. Lui seul, par sa fermeté et sa loyauté connues, par ses talens, par une longue habitude du travail de son département, par la parfaite connaissance qu'il a de l'ancienne armée, paraissoit capable de nous en composer une nouvelle, qui ne fut point ennemie de notre repos.

Avec lui on devoit vraisemblablement perdre ou conserver un homme bien précieux dans ce moment surtout, M. Tabarié, qui avoit aussi donné de grandes preuves de fidélité, et qui, ayant été pendant douze ou treize ans chef de la division du personnel au ministère de la guerre, n'y sauroit être remplacé de long-tems (1).

----

(1) M. Tabarié a effectivement donné sa démission; il étoit naturel qu'il se montrât extrêmement sensible au coup qui a frappé M. le duc de Feltre. D'ailleurs, supérieur par ses talents à la place qu'il occupoit depuis si long-temps, il l'étoit devenu encore bien plus par sa conduite; et il eût été criant qu'il fût resté dans cette place. Si les choses eussent autrement tourné, on eût sans doute trouvé moyen de concilier le besoin qu'on auroit eu de lui, dans ce moment au moins, au ministère de la guerre, avec la justice qui lui étoit due.

La justice et l'intérêt de l'Etat sembloient donc se réunir pour que M. le duc de Feltre conservât le ministère.

Telle était l'opinion de ceux à qui les subtilités de la politique n'ont pas gâté l'esprit. Mais il en a été autrement.

On dit qu'il a fallu choisir entre ce ministre que tous les honnêtes gens regrettent, et un ministre auquel ils n'eussent peut-être pas accordé les mêmes regrets.

Parlons de celui-ci, et voyons si c'est pour notre bonheur qu'il a obtenu la préférence.

Je suis loin de prétendre m'ériger en juge des talens de M. de Talleyrand : sous aucun rapport je ne suis à porté de les apprécier. Mais comme le nombre de ceux qui sont dans un cas contraire est petit, et que cependant tout le monde s'extasie sur ces talens, il m'est bien permis, ce me semble, de croire, qu'il y a dans sa réputation, comme dans presque toutes nos réputations révolutionnaires, du charlatanisme et de l'exagération. Il doit m'être aussi permis d'en rechercher les indices.

Et d'abord je ne vois pas même comment, lorsqu'il était ministre du Directoire ou de Bonaparte, il a pu trouver jour à déployer ces grands talens diplomatiques qu'on se plaît surtout à admirer en lui.

Sous le Directoire, quels traités a-t-il conclus ?

Sous Bonaparte, qui me contestera que les batailles de Marengo, d'Austerlitz et d'Jéna, étoient des préliminaires qui facilitoient singulièrement les négociations ultérieures ?

S'il s'agit de nos rapports avec l'Angleterre, contre laquelle notre cabinet n'a jamais eu à faire valoir la victoire, l'honneur de la lutte ne doit-il pas rester tout entier à celui de Saint-James ?

De plus, M. de Talleyrand peut et doit même avoir puisé dans l'habitude des factions et transporté dans la diplomatie, une certaine politique du moment, une grande adresse pour arriver à ce qu'il veut. Mais comme rien de ce qu'il a contribué à établir n'a été de longue durée, rien ne prouve qu'il ait la vue fort étendue dans l'avenir, et que ce qu'il veut soit le mieux, ou seulement le bien, je ne dis pas dans un sens absolu, mais même dans l'intérêt qu'il défend. Or, cette politique du moment, cette adresse, peuvent bien faire l'habile négociateur, mais ne sauroient faire le grand ministre ; car il ne suffit pas qu'un ministre sache atteindre le but lorsqu'on le lui a montré ; il faut encore qu'il sache le découvrir lui-même.

On élève fort haut les services rendus à Vienne par M. de Talleyrand ; ses admirateurs vont même jusqu'à vouloir faire passer sur son compte la promptitude avec laquelle s'est formée la nouvelle croisade contre Bonaparte, et l'accord parfait qui y a régné.

Il y a des gens en qui le public est décidé à tout admirer ; à qui l'on fait honneur de tous les événemens heureux auxquels leur nom est attaché, même de ceux qu'ils ont, avec ou sans intention, travaillé à prévenir.

Pour moi, j'aime à croire que l'honneur des souverains, et l'intérêt général de l'Europe, ont eu à cette croisade beaucoup plus de part que ce ministre.

Pour tout le reste, peut-être aurait-il mieux valu pour sa Majesté et pour nous qu'il fût resté à Paris.

Oserai-je hasarder à ce sujet quelques réflexions ?

Lorsque le congrès de Vienne s'est ouvert, le Roi venoit d'être tout récemment replacé sur son trône par la bienveillance des Alliés. Personnellement il lui convenoit peu, quelque beau que soit d'ailleurs le titre de protecteur du faible et de défenseur des droits des peuples et des rois, de contrarier opiniâtrement les projets de ces mêmes Alliés, de heurter de front leurs prétentions, et de paroître vouloir leur donner de nouvelles leçons. Comme souverain de la France, ce rôle lui convenait encore moins ; la France, depuis vingt-cinq ans, s'étoit livrée à tous les excès à l'extérieur comme à l'intérieur ; elle avait bouleversé et opprimé l'Europe. Au moment où l'Europe, armée par le désespoir, venoit de briser son despotisme, des conseils de modération donnés en son nom à ceux qui avaient été si long-tems ses victimes, et dont la modération même lui avoit évité bien des maux, étoient presque ridicules. Au moins falloit-il s'en tenir là. Des conseils, des représentations, étoient les seules armes avec lesquelles la France pût combattre les injustices, s'il s'en commettoit. Les menaces n'étoient pas soutenables. Il falloit éviter avec soin d'appeler au secours de la justice le souvenir de cette armée, si long-tems instrument de la violence et de la perfidie.

Ceci pourra contrarier l'orgueil national chez quelques individus, mais n'est point à coup sûr contraire à la dignité nationale, et c'est celle-ci seule qu'on doit consulter.

L'orgueil national, si l'on entend par là ce sentiment qui porte un peuple à désirer avant tout faire sentir aux autres peuples sa supériorité, est bon à rien ; car il est compatible avec la plus honteuse servitude.

M. Carnot lui-même en convient bien, puisque, tout en recommandant dans son Mémoire d'exalter cet orgueil, il avoue que sous Bonaparte, qui l'avait exalté au dernier degré, nous étions tombés dans le dernier avilissement.

Le peuple romain devenu, sous les Empereurs, le plus abject de tous les peuples, en étoit encore le plus orgueilleux ; tandis que sous les décemvirs, au tems des plus grandes vertus romaines, les légions se faisoient battre pour ruiner la tyrannie ; et que la nouvelle de leur défaite étoit reçue à Rome comme l'était, dans d'autre tems, celle des plus éclatantes victoires.

La dignité consiste pour la nation, comme pour les individus, à ne manquer ni aux autres ni à soi-même : or la France, à peine sortie de tant de convulsions et d'une lutte si longue dans laquelle elle avait fini par succomber sous les efforts réunis de toute l'Europe, ne faisoit ni l'un ni l'autre. En se repliant toute entière sur elle-même, en renonçant, pour ainsi dire, momentanément au monde pour ne s'occuper que des blessures qu'elle s'étoit faites, son premier soin devoit être de les sonder, son premier besoin était de les guérir. Là étoient tous ses devoirs, et aucun peuple n'eût pu trouver mauvais qu'ils eussent absorbé toutes ses pensées.

Rien ne menaçoit sa sûreté extérieure ; la France et son Roi étaient ce qu'ils étaient, par la volonté unanime de l'Europe ; et cette volonté était pour eux, pendant plusieurs années au moins, la meilleure des garanties.

D'ailleurs les projets dont M. de Talleyrand est parvenu à empêcher l'exécution, n'étoient pas les plus dangereux. L'accroissement de la Russie l'étoit plus qu'aucun autre ; et même en songeant aux progrès de cette puissance colossale, on se demande si la réunion de la Saxe entière à la Prusse, si l'augmentation et la concentration des forces de ce dernier Royaume, n'étoient pas réclamées par l'intérêt général de l'Europe ?

La France, dans l'état où l'avoit placée le traité de Paris, ne pouvoit pas se conserver de l'influence sur les affaires de l'Europe. Le sentiment des convenances qui l'eût portée à s'en priver en partie dans ces premiers moments, cette espèce de recueillement qui sied bien après de grandes fautes, et les fait pardonner, parce qu'il annonce le repentir, lui eussent rendu l'estime et l'amitié peut-être des autres peuples ; son influence se fût accrue par là même ; elle se fût encore accrue par les progrès plus rapides que nous eussions faits vers la guérison, en tournant tous nos soins de ce côté.

Une attitude modeste convenoit donc, sous tous les rapports, à la France et à son Roi.

Ce n'est point tout à-fait celle que paroît avoir

prise à Vienne M. de Talleyrand ; et il étoit en effet difficile qu'elle fût adoptée par un ministre accoutumé sous Bonaparte à se mêler des affaires de toute l'Europe, et même à les gouverner.

Des propos de lui répandus en Europe, l'éclat de notre ambassade, des articles insérés dans les journaux de Paris, et même dans le Moniteur, des dispositions militaires du Gouvernement français, semblèrent annoncer que le temps de la sagesse n'étoit pas encore venu pour nous.

Le ministère français s'occupant des affaires des étrangers, et ne s'apercevant pas du précipice creusé sous ses pas, se donna l'air de l'astronôme de la fable.

Peut-être payons-nous cher, et payerons-nous plus cher encore, cette méprise de M. de Talleyrand (si c'en est une toutefois), méprise qui a pu avoir une influence fâcheuse sur les dispositions des alliés envers nous, et particulièrement envers Sa Majesté. On ne peut nier du moins qu'elle n'ait placé le Roi, au moment où sorti de France pour la seconde fois il n'espéroit plus rien que de leurs efforts, dans une position plus difficile et plus gênante vis-à-vis d'eux.

Mais peut-être aussi ne faut-il pas accuser, en cela, l'imprévoyance de son ministre.

On se plaint des Prussiens. Les Français qui étoient en Prusse, il y a huit mois, savent quel

fut le mécontentement de ses habitans, et surtout de l'armée, lorsqu'il fut décidé que la Saxe
toute entière ne passeroit pas sous la domination
prussienne ; les effets de ce mécontentement re-
tombent aujourd'hui sur nous qui en avons été la
cause.

Je suppose maintenant que M. de Talleyrand
ait été remplacé au congrès par un ministre
moins habile que lui, si l'on veut, mais que
nous eussions eu d'ailleurs un ministre de la
guerre capable de nous recomposer une armée
dont l'esprit eût été plus conforme à nos besoins
et plus analogue à celui de l'Europe, qu'en seroit-il arrivé ? Douze cent mille individus qui,
par parenthèse, malgré tout ce que Louis XVIII
a fait pour eux, n'en sont pas moins les habitans
de l'Europe que le retour de Bonaparte a le
moins affligés, n'auroient peut-être pas un Roi
particulier ; peut-être même Murat seroit-il encore sur le trône de Naples, et cela toutefois
n'est point vraisemblable ; mais Bonaparte ne
seroit pas venu nous rapporter la guerre, et, ce
qui est bien pis, remuer le bourbier de la révolution ; mais le Roi ne seroit pas sorti de France
pour y rentrer avec les baïonnettes étrangères ;
mais l'Europe entière ne seroit pas armée de
nouveau contre nous ; mais nous n'aurions pas
six cent mille soldats répandus dans nos pro-

vinces, et des contributions énormes sans.doute à payer.

Lequel eût le mieux valu?

Si, l'année dernière, un excellent ministre de la guerre étoit préférable à un habile négociateur, il l'est encore, et à bien plus forte raison cette année où le choix à faire dans l'armée est plus difficile, où l'esprit d'opposition au Gouvernement est beaucoup plus répandu et plus violent, et où nous sommes encore bien plus sous la dépendance des Alliés, avec lesquels la bonne foi seule réussira mieux que toutes les ruses du monde.

La diplomatie n'est guère de mise entre des puissances dont l'une dépend entièrement de l'autre.

Toute la finesse de M. de Talleyrand, ministre de Bonaparte tout-puissant, étoit à-peu-près inutile.

Toute celle de M. de Talleyrand, ministre d'un Roi qui ne peut rien, l'est presque autant.

Je soutiens que les talens de M. le duc de Feltre, qui, à coup sûr, est bien le ministre de la guerre dont j'ai parlé, sont d'une toute autre importance que tous les talens diplomatiques de M. de Talleyrand.

Pour ce qui est de la politique intérieure, ce

dernier a-t-il de quoi nous faire espérer de grands avantages du choix dont il a été l'objet ?

Sous ce rapport, il n'est guère connu que comme un artisan perpétuel de révolutions.

Lucien se plaignoit en l'an vii que le nom de M. de Talleyrand, attaché à toutes les conspirations, se retrouvoit partout.

Depuis, il n'a pas dévié de la ligne de conduite qu'il paroît s'être tracée.

Mais révolutionner les hommes n'est pas les gouverner ; bouleverser les états n'est pas administrer.

Et cependant il est très-probable que son habileté en ce genre, que l'adresse avec laquelle il a su rester debout sur les ruines de tous les partis, ont contribué plus que toute autre chose à sa grande réputation, même comme diplomate : en sorte que ce qui a fait notre malheur seroit précisément ce qui lui donneroit aujourd'hui des titres à nous gouverner.

Nous avons tellement perdu toute idée juste du caractère de l'homme d'état, que nous jugeons d'un ministre, non par le bien qu'il a fait à son pays, mais par le bien qu'il s'est fait à lui-même. La bonne foi, le désintéressement, un dévoûment qui entraîne la ruine de celui qui en fait preuve, nous paraissent de la duperie, de la petitesse ; et nous admirons, comme l'œuvre du génie, les fourberies de Scapin transportées sur la scène du monde !

Mais c'est surtout la conduite qu'il a tenue, depuis qu'il est chargé des intérêts du Roi, qui nous apprendra ce que nous devons attendre de son ministère.

Accoutumé à ne se laisser prévenir par aucune révolution, à abandonner le parti chancelant pour passer dans le parti qui s'élève, il a voulu travailler pour le retour des Bourbons, lorsqu'il a vu que ce retour qu'il avoit autrefois tant redouté était désiré et devenoit probable ; lorsqu'il a vu, en un mot, suivant une expression qu'on lui attribue, que les hommes et les événemens se *bourbonisoient*. Mais il ne s'est mêlé de cette révolution que pour notre malheur, que pour en neutraliser les heureux effets, et pour ôter au Roi toute sa force.

La conduite du gouvernement après la restauration fut une chose inconcevable. Elle a de quoi exercer la sagacité des philosophes et des politiques qui voudront l'étudier ; elle fut contraire à l'intérêt du Roi, à la justice, et comme l'a dit un journal, à la direction de la raison aussi bien qu'à l'entraînement des passions. Le cœur en fut flétri, l'esprit abattu ; le crime fut récompensé par ceux contre lesquels il avait été commis, et la fidélité qui les avait servis eut en partage l'humiliation et la misère. On fit tout pour adoucir la haine, on oublia le dévoûment; l'absurde, l'injuste et l'ingratitude, furent mis à l'ordre du jour.

Les places continuèrent à être occupées par des hommes qui, après s'être vautrés dans la sentine de l'égalité et de la liberté, s'étaient effrontément faits les Séides de Bonaparte.

Des administrateurs, publicains et recruteurs seulement, étoient détestés du peuple, dont la haine se porte plutôt sur les auteurs des vexations qu'il éprouve, parce qu'il connoît les uns et ne connoît pas les autres. Il n'eut point la consolation de s'en voir délivré; le gouvernement ne voulut pas, en les éloignant, leur ôter les moyens de nuire au Roi, et lui gagner l'affection de ses sujets.

Ces administrateurs purent encore, sous le Roi, se venger à loisir des bons citoyens qui, sous Bonaparte, avoient montré quelque opposition à leur tyrannie, et de l'aversion pour leur maître.

Des sénateurs, qui vendoient à Bonaparte notre sang et notre liberté, étoient chargés de l'exécration et du mépris publics; ils venoient, au moment même où ils auroient dû s'oublier eux-mêmes pour ne songer qu'au salut de leur pays et faire oublier leur turpitude; ils venoient, dis-je, de la consommer en dévoilant toute leur cupidité avec une effronterie dont la nation étoit honteuse : aucun sentiment depuis long-temps n'avoit été aussi général en France que le désir de les voir traiter comme ils le méritoient.

Le Roi pouvoit découvrir, dans leurs plus récentes délibérations, combien étoit encore actif le levain qu'ils conservoient contre lui.

Tout est inutile : le Roi apprend lui-même à la France que ces gens là ne doivent leurs places qu'à d'émineus services dont il veut leur assurer la récompense ; c'est d'eux que sa couronne empruntera son lustre ; il leur confère une dignité qui, dans le souvenir de la nation, tient le premier rang entre les dignités : quelques-uns, qu'il ne croit pas pouvoir élever à cet honneur, parce qu'ils sont trop infâmes, reçoivent, malgré cette infamie même qui leur a déjà tant valu, le traitement qu'ils recevoient au sénat.

Rien n'a fait plus de tort au Roi, dans l'opinion publique, que cette conduite à l'égard des sénateurs ; rien d'ailleurs ne pouvoit être plus déraisonnable et plus imprévoyant.

Le sort des institutions dépend, en grande partie, du choix des personnes appelées à les faire valoir. La beauté du plan, la justesse de ses proportions, n'assurent pas la solidité de l'édifice ; elle dépend aussi de la qualité des matériaux.

La chambre des pairs du Roi, composée en bonne partie des sénateurs de Bonaparte, ne pouvait pas être un arc-boutant solide.

La composition du Conseil d'Etat fut dérisoire.

La police de Bonaparte resta intacte; des gens dont le métier avait été jusque-là de surveiller les entreprises des royalistes contre Bonaparte, se trouvèrent tout-à-coup chargés de surveiller celles des bonapartistes contre le Roi.

Le même contraste se retrouvoit dans les jugemens des tribunaux.

On l'espéroit dans la conduite de l'armée.

Un système si insensé nous a conduits où il devoit nous conduire, c'est-à-dire à une catastrophe. Ceux qui ont contribué à l'établir sont coupables des suites funestes qu'a eues l'entreprise de Bonaparte; car son premier succès n'a pas seulement dépendu des trames ourdies d'avance, et même des dispositions de l'armée, mais encore de ce qu'il a retrouvé en France le pouvoir et l'influence entre les mains de ceux à qui il les avoit laissés.

Le plus grand mal qu'un pareil système nous ait fait n'est pas toutefois d'avoir favorisé l'entreprise de Bonaparte, c'est d'avoir démoralisé la nation plus que ne l'avoit fait toute la révolution, et d'avoir, je le crains bien, creusé le tombeau de notre liberté.

La prospérité du crime et l'humiliation de la vertu avaient été, jusqu'au premier retour des Bourbons, le triomphe d'un parti : c'étoit l'ouvrage de la force. L'exemple en étoit dangereux sans doute, mais bien moins dangereux que ne l'a été depuis l'exemple de cette prospérité et de cette humiliation, sanctionnées par ceux-là même qui sembloient en avoir le plus d'horreur.

Jusque-là, l'injustice avoit toutes les couleurs de l'injustice ; depuis elle a pris, pour ainsi dire, celles de l'équité.

Je me persuade une chose ; c'est que si le premier usurpateur du pouvoir dans Rome eût fondé l'empire, jamais le délire de la tyrannie n'eût été aussi loin qu'il a été ; mais Sylla ayant abdiqué, et César ayant été tué sans que la liberté pût se rétablir, les meilleurs citoyens sentirent que tous les coups porteroient, comme le dit Montesquieu, sur les tyrans, sans qu'aucun portât sur la tyrannie ; ils désespérèrent du salut de la république, et s'éloignèrent des affaires pour ne pas prendre part au crime de ceux qui opprimoient leur patrie : genre d'héroïsme supérieur peut-être à celui qui, dans des tems plus heureux, produit les plus belles actions, et trop peu honoré de nos jours.

Ce qui faisoit leur désespoir faisoit l'audace des tyrans.

L'établissement prochain du despotisme en France est bien à craindre, parce que les lois pourront bien être faites pour la liberté, mais les hommes et l'état de la société ne sont guère faits pour elle.

Publiez dans la place de Sibaris qu'il est ordonné à tout citoyen d'avoir assez de courage pour préférer dans un combat la mort à la fuite, et mépriser dans l'administration de la république les dangers auxquels un magistrat est quelquefois exposé ; je vous réponds que vous aurez publié le décret le plus inutile. Les Sibarites, toujours efféminés, ne sortiront point de leur mollesse pour prendre du courage (1).

Si, par l'effet de la fausse direction donnée au gouvernement du Roi, nous ne pouvons éviter le malheur qui nous menace, le despotisme sera en France beaucoup plus solidement établi, et par conséquent beaucoup plus pesant qu'il n'eût été sans le retour des Bourbons (2),

------

(1) Mably, *Entretiens de Phocion.*

(2) Eu égard aux caractères et aux circonstances, je ne prétends pas dire qu'il sera plus violent que celui de Bonaparte, qui tenoit à son caractère particulier, et encore plus à la proximité, ou pour mieux dire à la présence de la révolution, et qui n'étoit pas durable.

parce que accoutumés à leur absence, à tous les genres d'oppression, de calamités et d'injustices, nous attendions ce retour comme devant les faire cesser pour toujours ; nous avions mis en eux toutes nos espérances , et ces espérances n'ayant point été réalisées , nous ne saurons , aux jours de servitude , de quel côté chercher le salut de la patrie.

Tout le monde étoit bien persuadé , l'année dernière , que la marche singulière du gouvernement étoit due à l'influence de M. Talleyrand ; ce qui se passe , aujourd'hui qu'il est tout puissant , ne doit laisser aucun doute à cet égard ; la même marche est encore suivie , et il doit en être ainsi sous un ministère dirigé par lui.

Indépendamment des projets cachés qu'il peut avoir , des révolutions qu'il peut méditer encore , on sent qu'il doit entrer dans les calculs et dans les goûts d'un homme avili , de rechercher plutôt que de repousser les gens avilis comme lui.

Dans ses calculs ; parce que convaincu du mépris et de l'éloignement qu'ont pour lui les hommes honnêtes , il cherche à faire des autres le soutien de sa puissance.

Dans ses goûts ; car quand il est au milieu de ses pareils , sa vue n'est blessée d'aucun contraste, tandis que la présence de l'homme sans reproche en est un pour lui.

Tant que M. de Talleyrand aura en France un grand pouvoir, nous y verrons dominer avec lui les intrigans qui sont depuis si long-temps en possession de nous exploiter à leur profit, et qui sont toujours prêts à se donner au premier venu qui leur fournit les moyens d'exercer leur industrie : le crime et les bassesses ne seront pas flétris, nous ne marcherons point franchement à notre régénération.

Talleyrand obstiné, après ce qui vient de se passer, à confier à cette espèce d'hommes le soin de nos affaires, semble leur dire : Vous aurez beau vous dégrader, mes amis, vous n'arriverez jamais au point où j'en suis, vous resterez sur la route que j'ai parcourue avec tant d'éclat; parvenu au dernier degré de la vileté humaine, je me ris des vains efforts que vous faites pour vous montrer mes égaux; mais ces efforts mêmes sont loin de me déplaire, je vous sais gré de chercher à m'imiter; travaillez de plus en plus à vous rendre dignes de moi, et soyez assurés de ma protection.

Cet homme célèbre, autant par le scandale de sa vie, que par l'importance des rôles politiques dont il a été chargé, est moins criminel que Fouché sans doute, mais n'est pas moins profondément dépravé. On a dit de lui qu'il avoit vendu tous ceux qui l'avoient acheté. Il est étranger à toute religion, à toute morale, à toute vertu, à toute pudeur ; son cœur desséché n'est plus susceptible d'aucune impression noble ; tout ce qui est zèle, élan, dévouement, il ne le comprend pas ; l'enthousiasme, il l'étouffe ; il voudroit que le froid glacial de son âme passât dans toutes les âmes ; il est égoïste, non-seulement par nature, mais encore par système, non-seulement pour lui, mais encore pour les autres ; s'oublier est un tort à ses yeux ; tout mouvement du cœur lui paroît être aux dépens de l'activité de l'esprit.

Un tel homme est une peste publique ; son ministère est la honte et la ruine d'une nation.

Ne croyez pas que sous un pareil ministre, une belle conduite, au milieu de tant de conduites ignobles, puisse servir de recommandation. Si vous avez quelque chose à demander, n'allez pas vous vanter d'avoir accompagné, dans sa retraite, ce Roi *si délaissé ; tel que la trahison l'avoit fait*, d'être allé joindre vos efforts à ceux des Vendéens, pour repousser la honte et les malheurs qui menaçoient la France ; ne parlez pas des persécutions que vous avez éprouvées pour n'avoir pas voulu encenser le veau d'or ; vous n'obtiendriez rien. Favoriser ceux qui se sont ainsi conduits, seroit mécontenter les traîtres, les parjures, et c'est en eux que le gouvernement veut trouver un appui !

On diroit que le ministère croit le Roi tellement odieux à la nation, qu'il suffit de l'avoir servi pour le devenir soi-même.

On comparoit la révolution qui a ramené Bonaparte, à un coup de crible qui sépare le bon grain du mauvais ; le Roi connoîtra au moins, disoit-on, ses amis et ses ennemis.

Mais Talleyrand est arrivé, qui a mêlé de nouveau le mauvais grain avec le bon, et donne, qui pis est, la préférence au premier; en sorte que nous n'aurons pas même retiré de nos malheurs le dédommagement qu'on en attendoit.

Cependant, lorsqu'un Prince a dit à ses sujets : Ici est le chemin du devoir et de l'honneur, là celui de l'infamie ; il faudroit qu'il accordât à ceux qui ont pris le premier, quelque avantage sur ceux qui ont pris le second ; il faudroit qu'il récompensât les uns, qu'il punît les autres.

Dans le plus bel âge de la vie des peuples, dans les siècles les plus féconds en vertus et en beaux caractères, le nombre de ceux qui se conduisent uniquement par le sentiment du devoir, est infiniment petit; la masse des hommes est toujours dirigée par la crainte ou l'espérance.

On ne les gouvernera jamais, si l'on ne sait se servir à propos de ces deux mobiles.

Assurément la clémence me paroît tout aussi belle qu'à un autre ; mais comment n'être pas effrayé lorsque, après une révolution qui a effacé ou déplacé les limites du bien et du mal, après le règne d'un homme qui récompensoit ou punissoit à l'excès, les récompenses et les punitions, non-seulement cessent tout-à-coup d'encourager les amis du gouvernement et de contenir ses ennemis, mais même sont plutôt appliquées dans un sens inverse, et que les faveurs deviennent le partage de ceux qui ont un pardon à demander ?

Ce n'est pas là de la clémence ; je n'ose pas dire ce que c'est.

Il s'est répandu une singulière opinion, à l'aide de laquelle on essaye de justifier les choix souvent révoltans qui se font, et l'oubli où sont restés les royalistes ; et je ne parle pas seulement ici des serviteurs long-tems éprouvés du Roi, mais encore des hommes dont la conduite rendoit probables la fidélité et le dévouement.

Le royalisme et la probité passent pour des symptômes de sottise et d'incapacité.

Il faudroit désespérer du salut d'un peuple qui croiroit ne pouvoir être gouverné que par des gens sans foi ni loi ; il faut désespérer de celui d'un gouvernement qui croit ne pouvoir être servi que par ses ennemis.

Sur quoi repose une si étrange opinion ?

Il est bien possible que des gens long-tems éloignés des affaires, ou même ne s'en étant jamais occupés, y ayent d'abord paru peu propres ; j'ai peine à croire cependant qu'ils y ayent apporté moins de lumières et moins d'aptitude que des officiers, des auditeurs, des chambellans, à qui Bonaparte confioit toute espèce de fonctions.

Mais ceux-ci arrivoient à leur poste avec le ton décidé, la suffisance, et même l'insolence qu'ils avoient pris soit dans l'habitude du commandement, soit dans leur ignorance, soit enfin dans leur servitude.

L'absence de cet air de ne douter de rien, qui manquoit aux royalistes peu nombreux au milieu de ceux qui l'avoient conservé du régime de Bonaparte, la prudence dont la lenteur nous étoit depuis long-tems inconnue, ont pu leur donner un air d'hésitation, d'inhabileté et d'inexpérience, que leurs ennemis ont fait valoir.

Nous sommes si peu faits pour la liberté, que nous rions de ceux de nos magistrats qui n'ont pas les manières affectées, dans tous les pays et dans tous les tems, aux agens du despotisme.

Mais s'il est vrai que jusqu'ici le gouvernement royal a fait fausse route, l'embarras qu'ont pu montrer quelques royalistes, leur indécision, les difficultés qui les ont arrêtés, sont loin de leur faire tort ; et si quelque jour on découvre que non-seulement le gouvernement étoit mal dirigé, mais même que l'intention des meneurs étoit de nous conduire à un but caché totalement opposé au but apparent ; alors on ne devra pas s'étonner que des gens d'un cœur droit et d'un esprit juste, n'ayent pu se prêter à cette manœuvre.

Pour prouver que les royalistes sont plus ou même aussi imbécilles que d'autres, il faudroit prouver que c'est à leur influence que sont dues toutes les inepties dont j'ai rapporté une partie, et qui ont préparé l'équipée du mois de mars ; or cela seroit difficile, car ils en étoient eux-mêmes les victimes, et le petit nombre d'entre eux, qui ont été placés, est la preuve la plus complète de la nullité de cette influence, il en étoit à la fois la cause et l'effet.

Il est d'ailleurs bien notoire que les royalistes se sont élevés, autant qu'ils l'ont pu, contre cette mollesse, cette confiance aveugle, dont le gouvernement faisoit pour ainsi dire profession ; mais ils crièrent en vain ; alors comme à présent on prétendoit qu'ils étoient des imbécilles, et, par une sorte de fatalité, quelques hommes sortis de leurs rangs pour occuper des places importantes, les avoient reniés, et se montroient les plus prévenus contre eux et leurs conseils (1).

Lorsque vous avez traité d'imbécille celui qui vous a donné des conseils, vous avez perdu le droit de le traiter de même si vos affaires ont mal tourné.

Dira-t-on que les royalistes ont encore eu trop d'influence, et que nous sommes tombés dans le précipice parce que le gouvernement n'a pas été assez mou, assez confiant ? parce qu'il n'a pas assez sacrifié ses amis à ses ennemis ? En vérité, à voir ce qui se passe aujourd'hui, on serait tenté de croire que c'est là sa pensée.

M. de Talleyrand semble s'escrimer avec l'opinion publique, la raison et la justice, et vouloir nous montrer tout ce qu'il peut en dépit d'elles.

Sans parler de la retraite du duc de Feltre et de la nomination de Fouché, qui sont bien au moins en partie son ouvrage, je puis citer, à l'appui de ce que j'avance ici, les noms de

____

(1) L'abbé de Montesquiou prétendoit, dit-on, qu'il y avoit trop de royalistes en France.

MM. Pasquier (1), Molé, Bondi (2), Boissy
d'Anglas, Compans, Flaugergues, Lanjuinais,
Maxime de Choiseul, et de plusieurs conseillers
d'État, etc., etc.

Leurs nominations ne sont pas seulement con-
traires au bon sens, plusieurs le sont encore à
des mesures déjà prises par le gouvernement.

En quinze jours, par exemple, M. Boissy
d'Anglas a perdu et recouvré la dignité de Pair,
sans qu'il ait certainement fait dans cet inter-
valle rien d'assez merveilleux pour racheter ce
qui l'en avoit d'abord fait juger indigne.

A propos de cela, je demanderai à M. de
Talleyrand pourquoi le serment prêté par les
Pairs de Bonaparte est le seul auquel on ait fait
attention ?

Est-ce que le serment des Pairs seroit le seul
qui doive être désormais compté pour quelque
chose en France ?

La présidence des colléges electoraux don-

------

(1) Je n'ai rien à dire contre M. Pasquier ; mais je dis
qu'en lui donnant deux ministères à la fois, M. de Talleyrand a voulu faire un tour de force capable d'exciter l'admiration des spectateurs.

(2) M. de Bondy n'a pas conservé la préfecture de la
Moselle, qui lui avait été donnée depuis le retour du Roi ;
mais cela ne détruit pas ce que je dis.

née à MM. Flaugergues et Lanjuinais, n'est pas la conséquence bien rigoureuse de l'ordonnance du Roi qui convoque une nouvelle chambre des députés.

Cette convocation n'a lieu sans doute que parce que un grand nombre des anciens députés avoient été représentans ou autre chose sous Bonaparte.

S'il y avoit une distinction favorable à accorder à quelques-uns d'entre eux, j'ose dire qu'elle ne paraissoit pas devoir porter sur MM. Flaugergues et Lanjuinais, dont la conduite, sous Bonaparte, a été plus choquante que celle du plus grand nombre de leurs collègues, tant à raison du rôle qu'ils ont joué, que de leur conduite antérieure.

Quand un gouvernement accorde quelque faveur à des gens qui paroissent mériter toute autre chose, il devrait, pour ne pas corrompre la morale publique, mettre au jour les motifs de cette singularité. Sont-ils trop honteux pour être dits? si c'est pour le gouvernement, il n'auroit pas dû s'y arrêter; si c'est pour celui qui reçoit la faveur, que dire d'un pays où l'on efface ses crimes ou même ses fautes avec de l'ignominie?

Le *Morning-chronicle* a dit qu'on ne sauroit trop admirer la sagesse de la proclamation du

Roi, datée de Cambrai, le 28 juin, et contre-signée par M. de Talleyrand.

Le *Morning-chronicle* avoit ses raisons sans doute pour parler ainsi ; je crois en avoir pour n'être pas de son avis, je les soumets au lecteur.

Cette proclamation, en annonçant d'ailleurs quelque sévérité, promet le pardon pour tout ce qui s'est fait depuis le jour où Sa Majesté est rentrée. Disposition au moins bizarre, et dont M. de Talleyrand seroit fort embarrassé, je crois, de donner des motifs bien satisfaisants ; il auroit de la peine à prouver qu'elle est aussi favorable aux habitans des Pyrénées orientales qu'à ceux du Nord.

Mais cette disposition a un plus grand défaut, assez commun du reste au mesure du gouvernement royal, c'est de n'avoir contenté personne ; elle n'a point rassuré ceux qui avoient pris parti pour Bonaparte, parce qu'au fond, elle ne pardonne à peu près rien, fort peu d'entre eux ayant changé de conduite avant le 28 juin qu'ils ne savoient pas être le terme fatal.

Les royalistes, indignés de tout ce que venoient de faire leurs adversaires, crurent y voir une porte ouverte à la clémence connue du Roi, et le moyen de n'atteindre qu'une très-foible portion des principaux coupables ; ils furent confirmés dans cette idée par la nonchalance avec laquelle ils étoient poursuivis ; des hommes emportés voulurent se faire eux - mêmes une justice qu'ils n'attendoient plus des lois ; de mauvais citoyens peut-être profitèrent du pré-texte et de l'occasion ; et de tout cela il est résulté les scènes sanglantes qui ont désolé le midi de la France ?

Voilà la sagesse de M. de Talleyrand !

En comparant cette proclamation à celle du 25 juin, contresignée par le duc de Feltre, on ne peut pas douter que ce ne soit à l'ancien évêque d'Autun , personnellement , que nous soyons redevables de tous les malheurs qu'a déjà causés et dont nous menace encore le peu d'énergie déployée jusqu'ici par le gouverne-ment.

Une conduite plus ferme nous en eût vrai-semblablement préservés ; et cette conduite, on pouvoit l'attendre de l'influence de M. le duc de Feltre, dans le cas où il l'auroit emporté sur M. de Talleyrand.

Le Roi, depuis son retour , s'est montré fort attaché au principe de la légitimité des souve-rains ; ses ministres se sont appliqués à flatter cette disposition de Sa Majesté ; ils n'ont perdu aucune occasion de rappeler sa légitimité ; et par suite, les discours, les adresses n'ont plus respiré qu'amour de la légitimité.

Elle a été sur toutes les lèvres, au bout de toutes les plumes.

M. de Talleyrand surtout s'est déclaré l'apôtre de ce principe ; il l'a défendu au congrès avec le même zèle et la même chaleur que s'il y avait été constamment fidèle, et enfin il l'a mis de nouveau en avant avec solennité dans la proclamation du 28 juin, et certes fort inutilement ; car tout le monde sentoit bien en vertu de quel droit le Roi revenoit prendre possession de son trône, et Sa Majesté n'avoit pas cru nécessaire d'en faire mention dans sa première proclamation datée de Chateau-Cambrésis.

Il y a là de la part de M. de Talleyrand sottise ou perfidie ; car on ne dira pas que ce soit par rigidité de principes qu'il se conduit ainsi.

Le Roi, en reprenant l'année dernière sa couronne, a cru devoir tout sacrifier à l'intérêt des acquéreurs de biens nationaux ; il a tout fait pour les tranquilliser, pour se concilier leur esprit ; il a pensé sans doute que la solidité de son trône dépendoit de là ; ses ministres l'ont fait persister cette année dans le même système, et la proclamation dont il s'agit en annonce elle-même la résolution ; ils ne devraient pas au moins parler ni agir dans un sens propre à contrarier l'effet qu'ils paraissent en attendre.

Les questions sur la légitimité des Souverains

et sur l'usurpation font naître des objections aux-
quelles il est impossible de répondre ; jamais on
n'indiquera avec exactitude à la conscience des
hommes le point fixe où de deux pouvoirs dont
l'un s'élève à la place de l'autre , le premier ac-
quiert des droits à leur obéissance , et le second
perd les siens ; mais lorsqu'il s'agit de la propriété,
les mêmes doutes n'existent plus.

« Les monarchies les plus absolues , dit Bos-
suet, ne laissent pas d'avoir des bornes inébran-
lables dans certaines lois fondamentales, contre
lesquelles on ne peut rien faire qui ne soit nul de
soi. Ravir le bien d'un sujet pour le donner à un
autre, est un acte de cette nature. On n'a pas
besoin d'armer l'oppressé contre l'oppresseur ;
le temps combat pour lui, la violence réclame
contre elle-même ; il n'y a point d'homme assez
insensé pour croire assurer la fortune de sa famille par de tels actes (1).... »

Et ailleurs : « Il y a des lois dans les empires
légitimes, contre lesquelles tout ce qui se fait est
nul de droit ; et il y a toujours ouverture à revenir
contre, ou dans d'autres occasions, ou dans
d'autres temps ; de sorte que chacun doit de-
meurer légitime possesseur de ses biens ; et tout
gouvernement étant établi pour affranchir les

---

(1) Cinquième avertissement aux Protestans.

hommes de toute oppression et de toute violence, la liberté des personnes est un droit sacré de la nature et de la société. *L'action contre les injustices et les violences est donc immortelle* (1). »

Ceux qui combattent le principe de la légitimité des Souverains, ont même coutume de dire qu'un peuple ne sauroit appartenir à une famille comme un troupeau appartient à son maître, preuve certaine que la légitimité de la propriété est dans l'esprit des hommes le type de toute légitimité, et passa avant celle des souverains.

Soutenir donc qu'une autorité quelconque n'a pu enlever au Roi ses droits à la couronne, mais qu'elle a bien pu enlever à des gens qui n'ont d'autre tort que d'avoir défendu ces mêmes droits, celui de la propriété, c'est soutenir une chose qui paroît au commun des hommes peu naturelle.

Plus le Roi s'appuiera sur sa légitimité, et plus il deviendra odieux aux acquéreurs de biens nationaux, parcequ'ils sentent parfaitement que la légitimité de ses droits est incompatible avec la légitimité des leurs.

Les ministres du Roi devroient donc, pour le mettre le moins possible en contradiction avec lui-même, tâcher de faire oublier qu'il est légitime, au lieu de le rappeler sans cesse.

____

(1) Politique sacrée.

Ce n'est pas parce que Louis XVIII est un Bourbon, c'est parce qu'il est légitime, qu'il est chargé de la haine de tous ceux dont la possession ne l'est pas.

Un Bourbon usurpateur, quelque rapproché du trône qu'il fût avant son usurpation, leur conviendroit, et leur conviendroit même d'autant plus que cette usurpation seroit plus odieuse.

Je crains bien qu'il n'en soit du principe de la légitimité comme il en a été dans le cours de la révolution de tous les autres principes, dont on n'a jamais tant parlé qu'au moment de les violer.

Je n'ai point dit, sur Talleyrand non plus que sur Fouché, tout ce qu'il y avoit à en dire; le sujet est inépuisable, et il faut bien s'arrêter. Mais je crois devoir faire remarquer ici que plusieurs des réflexions que j'ai faites sur l'un sont applicables à l'autre, et peuvent ainsi non pas acquitter entièrement, mais au moins diminuer ma dette envers la justice et la vérité.

Ces messieurs ont entr'eux beaucoup d'affinité ; beaucoup de qualités leur sont communes ; ils emploient souvent les mêmes moyens. Il m'a été impossible de ne donner à chacun d'eux que des traits qui lui appartinssent exclusivement, et voici encore quelques nouvelles réflexions qui me paroissent devoir porter sur tous les deux à la fois.

Ils ont précisément les deux départemens à la tête desquels on a le plus besoin d'hommes sûrs et dévoués. Or, personne certainement ne pense qu'ils le soient à l'excès.

Plus ils ont d'adresse, mieux ils ont su se rendre maîtres de ces départemens, et s'y placer à l'abri de toute surveillance ; en un mot, plus ils ont de moyens de servir le Roi, s'ils en ont envie, et plus tôt ils doivent être écartés du Ministère, parce qu'ils ont aussi de plus grands moyens de nuire s'ils le veulent, et que personne ne peut répondre qu'ils ne le veuillent pas.

Réunissent-ils leurs moyens pour en abuser, le mal est sans remède ; dans le cas contraire, la division qui ne doit pas tarder à se mettre entre deux hommes de cette trempe, peut porter l'un ou l'autre à abuser de ses moyens particuliers, et l'Etat sera au moins troublé.

Le salut des peuples ne doit pas être abandonné à la volonté incertaine d'un seul homme, à des *si*, à des *peut-être*.

On ne parle plus que des talens, on ne compte plus pour rien les vertus ; il semble qu'elles soient devenues superflues, comme si les talens sans vertu n'étoient pas un des plus redoutables fléaux de l'espèce humaine.

J'aimerois mieux me servir d'une arme dont la

lame seroit mauvaise, que d'une arme dont le manche seroit pourri.

Peut-être me trompé-je, mais il me semble que le plus mauvais soldat de l'armée, honnête homme, eût mieux valu à la tête de l'armée du Maréchal Ney, en Franche-Comté, que le Maréchal lui-même.

Depuis long-temps nos affaires sont livrées à des hommes à grands talens, ou du moins à grande réputation, et depuis long-temps nous sommes de plus en plus malheureux.

N'est-il pas désolant que les hommes qui ont eu le plus de part à nos malheurs, passent précisément pour être les seuls capables de les réparer ?

Nous avons besoin de talens dans nos hommes d'Etat sans doute, mais nous avons encore plus besoin de mœurs et de probité, d'une conduite passée qui réponde de leur conduite à venir, d'une fidélité éprouvée à leurs devoirs et à leurs engagemens, en un mot, de toutes les qualités, de toutes les garanties morales qui ne peuvent pas se trouver dans des hommes accoutumés à se jouer de tous, à changer chaque matin de visage, et à fabriquer sans cesse des révolutions.

Qu'on nous délivre donc de Talleyrand et de Fouché, de leur ruse et de leur infamie !

Ceux qui désirent des garanties contre le pouvoir, croient-ils en trouver beaucoup en eux? Croient-ils que la charte soit bien respectable pour ceux qui nous ont fait passer, à travers des sénatus-consultes, de la constitution de l'an 8 au régime impérial, et qui ont toujours des raisons prêtes pour justifier tous les changemens?

Ces hommes si renommés pour leurs talens ne sont accoutumés à gouverner qu'avec des sophismes, des mensonges et des lois de circonstances, ou plutôt ils n'y sont pas accoutumés du tout; car dénaturer le sens des lois ou en faire faire de nouvelles à chaque difficulté qui se présente, ce n'est point gouverner, c'est révolutionner. S'ils étoient obligés de marcher droit, et sans toutes ces ressources, ils seroient plus embarrassés que d'autres, ils trébucheroient à chaque pas.

Que d'irrégularités, que de violations à la constitution, ne peut-ou pas déjà leur reprocher!

La liberté de la presse qu'ils ont fait décréter entière, qu'est-elle devenue? Et je dirai plus, que peut-elle devenir avec des ministres qui ont tant de vérités à redouter?

Peut-on mieux se moquer d'un peuple que d'autoriser les agens du gouvernement à compléter des assemblées électorales, et de faire participer ainsi le gouvernement lui-même à la représentation nationale ?

Certes, il ne faut pas toute l'astuce qu'on leur suppose pour imaginer un tel moyen d'influencer les élections ; il ne faut que de l'impudence pour le mettre en usage.

Ils se sont appuyés d'un sénatus-consulte du 16 thermidor an 10. Autre impertinence, que de ressusciter sous la charte du Roi, des sénatus-consultes explicatifs ou plutôt destructifs d'une autre constitution.

A présent que la machine à sénatus-consultes est brisée, ces messieurs se proposent-ils d'en feuilleter le recueil, pour les faire servir encore à nous mener comme on nous menoit au tems où on les fabriquoit au fur et à mesure des besoins ?

Le respect pour l'opinion publique est le plus sûr garant de la liberté ; poussé très-loin il a souvent suffi pour l'assurer.

Il ne peut pas y avoir de liberté, lorsque l'autorité est entre les mains de gens qui ont poussé au-delà des bornes connues l'abjuration de toute pudeur.

D'ailleurs, quelques talens, quelque bonne et invariable volonté qu'on leur suppose, il sera toujours vrai de dire que leur élévation seule fait un mal moral bien plus grand que tout le bien qu'ils pourront faire.

C'est ici surtout que j'invoque l'opinion de Montesquieu, consignée dans l'épigraphe que j'ai tirée de son livre.

De tout ce que j'ai dit, je voudrais qu'il résultât pour le lecteur, l'évidence aussi complette qu'elle l'est pour moi de la vérité de ce qui suit :

1°. Pour toutes sortes de raisons, il eût été à désirer que le Roi n'eût pas pris Fouché pour ministre.

2°. Non-seulement le duc de Feltre sembloit mériter la préférence sur Talleyrand, mais encore le Roi pouvoit s'estimer heureux de trouver l'occasion de se défaire de celui-ci d'une manière honnête, puisque c'était lui qui osait faire des conditions.

Après avoir parlé de Talleyrand et de Fouché, il est peu nécessaire, je crois, de parler des autres Ministres, puisque c'est Talleyrand lui-même qui les a nommés ; et je serois assez d'avis qu'ils fussent déchargés de la responsabilité.

La preuve qu'ils ne sont rien que ce que monsieur le président veut qu'ils soient, c'est qu'il laisse sans ministres deux ministères, plutôt que d'y placer des hommes de mérite,

mais qui ne seroient peut-être pas toujours disposés à dire *Amen*.

On dit cependant que l'abbé Louis a su se
donner de l'influence, et cela s'explique par
son immoralité presqu'égale à celle de son pa-
tron, auprès duquel elle l'a sans doute mis en
grand crédit.

On dit aussi que c'est un joueur de gobelets
de la première force.

Il me semble que la qualité la plus essentielle
dans un ministre des finances est une rigoureuse
probité, dans un temps surtout où les fonds dont
il a besoin étant mis chaque année à sa disposition, il doit pour ainsi dire lui suffire de savoir
compter.

Il ne s'agit plus aujourd'hui de se creuser la
tête pour inventer des ressources, pour faire
quelque chose de rien. Un commis calcule qu'il
lui revient tant, un huissier va le chercher, et
voilà tout.

Sous un tel régime, les opérations des finances
devroient être si simples et si claires, que tout
le monde se crût en état de les diriger ; et si
un ministre de ce département était si habile
que personne ne comprît rien à ce qu'il fait,
et qu'on crût impossible de le remplacer, ce
seroit un mauvais ministre.

L'abbé Louis a fait au Roi et à la France un

mal incalculable, par l'opiniatreté avec laquelle il a fait maintenir les *droits réunis*, malgré la parole de Sa Majesté.

Cette année encore, le Roi avoit consenti à les abolir. Louis est venu à Gand pour faire changer cette résolution.

Avant tout, je crois, un système de finances doit ne pas ébranler le trône ; il faut que celui de notre ministre soit bien bon, s'il doit compenser tous les maux que nous éprouvons, et que le maintien d'un impôt odieux au peuple n'étoit pas propre à prévenir.

Qu'un ministère composé comme le nôtre, travaille au malheur de sa nation, et la conduise à sa ruine, je le conçois ; mais que le Roi, après la terrible épreuve qu'il a faite du système adopté par lui l'année dernière, consente à y persister ; qu'après tant de sermens violés, il s'abandonne encore à la fidélité de ceux qui les ont violés, et qu'après avoir si complètement échoué dans le projet de ramener ses ennemis, il tente encore envers eux les moyens de douceur; que les Alliés s'obstinent à laiss er la France sous l'influence de gens qui depuis la révolution ont été leurs ennemis, les ont outragés, humiliés; qu'après avoir deux fois forcé les barrières que leur opposoient nos armées, ils arrivent encore à Paris pour assister au rétablissement du pouvoir createur de ces armées ; qu'après avoir déclaré la guerre à Bonaparte et à ses *adhérens*, ils souffrent que sous leurs yeux on remplisse les places de ces mêmes adhérens ; qu'ils paroissent même accorder leur confiance à ceux qui dirigent ces choix : voilà ce que je ne conçois pas ; tant d'aveuglement est incroyable ; la conduite du Roi étourdit ma raison, celle des alliés effraye mon imagination. Oh, ma patrie ! oh, ma patrie !

Si Malesherbes revenoit parmi nous, pour y être témoin des bienfaits de la restauration, croyant trouver la religion en honneur, le règne de la justice rétabli, la honte et le mépris poursuivant ceux des artisans de nos maux que les lois n'ont pas atteints, et leurs victimes dédommagées des longues souffrances qu'elles ont éprouvées, comme son espoir seroit trompé !

La religion négligée dans ses ministres, les injustices les plus révoltantes consacrées, les dignités, les richesses conservées par ceux à qui le crime et la bassesse les ont acquises, et la misère consumant les jours de l'homme dont la conscience n'a pas toujours parlé en vain ; une armée dont la révolte a de nouveau obligé le Roi à s'en fuir, et attiré les armées de l'Europe sur la France, recevant de ce Roi même la récompense de son entreprise, le plus grand nombre de ceux qui ont tramé et préparé cette révolte, facilement soustraits à l'action des lois, dont les organes sont infidèles et corrompus comme eux ; une cruelle et inépuisable indulgence, qui fait la terreur des bons et l'audace des méchans, voilà le spectacle que lui offriroit la France.

En vain iroit-il chercher quelque reste d'amour pour la justice, de haine pour le crime, d'attachement au devoir, dans ces lieux qui devroient en être le dernier asile, parce qu'ils rappellent la gloire et les vertus de notre ancienne magistrature ; il y trouveroit son digne émule chargé de rendre les oracles de la justice, président la première cour du royaume, celle qui doit servir de boussole aux autres cours, mais une cour composée de parjures, et que ni l'exemple de tant de magistrats, ni le souvenir de Malesherbes lui-même, ni la présence de Desèze, n'ont pu empêcher de violer ses sermens, de renier son Roi, pour demander de l'or au tyran.

Et si cet illustre vieillard, désespéré de tout ce qu'il auroit vu, dirigeoit ses pas vers le palais de nos Rois, pour faire encore entendre sa voix ; qu'il y trouvât le frère de son auguste client, entouré de ses ministres ; quelles seroient sa douleur et sa surprise, en apercevant au milieu d'eux une de ces bêtes féroces, devant lesquelles il oublia son éloquence lorsqu'il vouloit leur arracher leur proie !

Grand Dieu ! s'écrieroit-il, en reculant d'effroi ! tous les maux de la malheureuse France n'ont point encore épuisé ta colère, puisque tu permets qu'un tel monstre soit admis au conseil de son Roi, et que sous le règne de ce fils de Saint-Louis, le crime soit triomphant, tous les devoirs impunément violés et la vertu découragée ! Que ta justice fasse place à ta miséricorde ; fais tomber le bandeau qui couvre ses yeux, fais-lui lire dans le cœur des pervers qui l'entourent ; apprends-lui que la justice est le premier devoir des Rois, et que ce n'est point par des canaux impurs que doit se faire entre son peuple et lui l'échange des services et de la protection !

Dans la détresse où nous nous trouvons, ceux qui redoutent le plus le mode actuel de notre gouvernement, ont placé dans la prochaine assemblée de nos députés leurs espérances qu'ils ne savent plus où placer ailleurs.

Cette assemblée, si elle nous sauve, aura donc fait un grand pas vers le rapprochement des opinions.

Pour y parvenir, elle a besoin d'une sagesse admirable et d'un grand courage ; il faut qu'elle sache sortir des routes frayées par les assemblées précédentes ; qu'elle s'élance hors du lit fangeux creusé par le torrent révolutionnaire.

Elle a des blessures nombreuses à guérir ; qu'elle ne craigne pas d'en sonder la profondeur. Les plus dangereuses, elle ne les trouvera pas dans les maux de la guerre ; elle les trouvera dans notre démoralisation, dans la dissolution si avancée du corps social. Qu'elle porte là sa principale attention ; c'est le moyen de mériter la reconnaissance des races futures ; là est le véritable danger ; les calamités de l'invasion se répareront d'elles-mêmes, les finances de l'Etat se soutiendront tant que la France restera France. Ce n'est pas le trésor de la rue Vivienne qui doit le plus nous inquiéter ; c'est celui de nos mœurs, de notre honneur, entièrement épuisé.

Qu'elle déploye toute sa force, qu'elle montre et qu'elle prouve une sainte indignation contre les complices de la dernière usurpation ; qu'aucun rang, aucune place, aucune faveur, ne soient pour eux un asyle contre ses poursuites ; qu'elle déroule aux yeux de l'Europe le mystère d'iniquité qui a de nouveau troublé son repos. A mesure que les crimes seront dévoilés, sa fermeté et sa persévérance effaceront elles-mêmes la honte qui peut en rejaillir sur la France ; ce n'est que par cette conduite qu'elle pourra réparer la brèche faite à notre honneur national, éteindre le volcan sur lequel nous sommes encore , et donner aux puissances alliées une garantie qu'elles n'attendent peut-être plus du gouvernement.

Qu'elle examine si l'exécution de cette capitulation qui promet un prix à la rebellion de l'armée , ne doit pas infailliblement,nous conduire à la liberté et à la stabilité de gouvernement dont on jouit à Alger (1).

Qu'elle ôte le timon des affaires publiques à des gens à qui personne ne voudroit confier ses affaires particulières.

Que chez elle enfin , cette doctrine absurde et vraiment désespérante de l'oubli du passé soit proscrite ; c'est en portant au contraire avec attention ses regards sur le passé qu'elle connaîtra le mal et qu'elle en préparera la guérison.

Depuis vingt-cinq ans on ne cesse de prêcher l'oubli du passé , et depuis vingt-cinq ans ces mots sont le signal de nouveaux malheurs. Prononcés après les premiers désordres révolutionnaires , ils ont conduit à la glacière d'Avignon , de-là au 2 septembre , et de septembre à la mort du Roi.

---

(1) Ordonnance du Roi , du 3 mai , qui accorde les quatre cinquièmes de solde au lieu de la demi-solde aux officiers non-employés.

La révolution n'eût point été si féconde en crimes et en malheurs, si elle ne l'eût pas tant été en pardon et en amnisties.

Depuis vingt-cinq ans on veut que, comme les enfants, nous oubliions chaque matin ce que nous avons fait la veille ; on nous pousse en avant sans nous permettre de regarder derrière nous ; on nous force à faire comme les gens qui font de mauvaises affaires. Et les nôtres vont en effet de mal en pis.

Le récit de nos discordes et de nos fureurs ira épouvanter la postérité la plus reculée ; des propriétés porteront encore pendant des siècles peut-être, dans leur valeur, la marque de leur impure origine ; et on voudroit que ceux qui ont été victimes de ces fureurs les oublient ! que ceux qui ont été dépouillés de ces propriétés, ne se souviennent plus d'en avoir été les maîtres !

Qu'on donne au malheureux le moyen de se consoler de ses peines ; mais lui en demander l'oubli sans chercher même à les soulager, c'est s'abuser, c'est insulter au malheur.

Et ceux qui le réclament cet oubli, parce qu'ils en ont besoin, en donnent-ils bien eux-mêmes l'exemple ? A chaque occasion nouvelle ne remettent-ils pas en usage les moyens honteux et criminels, dont ils se sont servis pour s'enrichir ?

Oublient-ils de se venger encore sur leurs anciennes victimes du mal qu'ils leur ont déjà fait?

De grands crimes ont été commis, de grandes injustices ont été faites.

Eh bien, jusqu'à ce que ces crimes ayent été, sinon punis, du moins flétris; jusqu'à ce que ces injustices ayent été réparées, assez pour faire illusion à la conscience de la nation, notre restauration ne sera que du replâtrage; jusque-là nous ressemblerons à ces sépulchres blanchis dont parle Bourdaloue, et qui cachent encore au-dedans la pourriture et la corruption.

Si un homme dont la maison se seroit écroulée, impatient de se mettre à couvert, en construisoit aussitôt une nouvelle sur les décombres mêmes de l'ancienne, disposés à-peu-près comme sa chute les auroit laissés, le voyageur qui seroit passé au moment du désastre, s'il revenoit quelques jours aprés, admireroit, en voyant de loin le nouveau toit, la promptitude avec laquelle il auroit été élevé; mais, en s'approchant, son admiration se changeroit en pitié; « Il faut que l'aveuglement de celui à qui appartient cette maison soit grand, diroit-il, s'il ne voit pas qu'elle croulera bientôt comme la première ».

Elle croulera en effet, malgré tous les soins

que le maître pourroit se donner pour l'ap-
puyer et la soutenir ; et si cet homme répétoit
plusieurs fois la même faute, le même résultat
se répéteroit aussi.

En réfléchissant à notre révolution , le peuple
français fabricant une constitution nouvelle, aussitôt qu'une autre , malgré tous ses efforts, lui
étoit échappée , et posant l'oubli du passé et le
maintien de toutes les injustices comme le principe fondamental de chaque constitution , m'a
souvent présenté l'image de cet insensé conti-
nuellement occupé à reconstruire sa maison , et
se donnant des soins inutiles pour en prévenir
la chûte.

Si l'écroulement successif des divers édifices
sociaux que nous nous sommes bâtis , a laissé
trop de décombres pour espérer de pouvoir tous
les enlever , fouillons au moins avec courage et
patience dans ces décombres, jusqu'à ce que
nous en ayons trouvé de suffisamment affermis
par le temps , et prenons la peine de les dispo-
ser de façon à ce qu'ils puissent recevoir le fon-
dement du nouvel édifice que nous voulons
construire.

Cicéron , témoin des tristes conséquences de
la conduite molle et contradictoire que le Sénat,
dirigé par lui, avoit tenue au moment de la mort

de César ; convaincu, mais trop tard, que la foiblesse et les absurdités ne conduisent à rien de bon, disoit « qu'il auroit mieux valu, dans cette circonstance, agir avec vigueur et s'exposer à périr, et que même on n'auroit pas péri (1) ».

Je désire que ceux des députés qui obtiendront de l'influence sur leurs collègues, n'ayent jamais à former les mêmes regrets que Cicéron.

––––––––––––

(1) Les soldats vétérans qui craignoient qu'on ne répétât les dons immenses qu'ils avoient reçus, entrèrent dans Rome : cela fit que le sénat approuva tous les actes de César, et que conciliant les extrêmes, il accorda une amnistie aux conjurés, ce qui produisit une fausse paix. MONTESQUIEU, *Grand. et Déc. des Rom.*

Voyez dans cet ouvrage quelles furent les conséquences de cette première inconséquence.